essentials

Essentials liefern aktuelles Wissen in konzentrierter Form. Die Essenz dessen, worauf es als „State-of-the-Art" in der gegenwärtigen Fachdiskussion oder in der Praxis ankommt. Essentials informieren schnell, unkompliziert und verständlich

- als Einführung in ein aktuelles Thema aus Ihrem Fachgebiet
- als Einstieg in ein für Sie noch unbekanntes Themenfeld
- als Einblick, um zum Thema mitreden zu können.

Die Bücher in elektronischer und gedruckter Form bringen das Expertenwissen von Springer-Fachautoren kompakt zur Darstellung. Sie sind besonders für die Nutzung als eBook auf Tablet-PCs, eBook-Readern und Smartphones geeignet.

Essentials: Wissensbausteine aus den Wirtschafts, Sozial- und Geisteswissenschaften, aus Technik und Naturwissenschaften sowie aus Medizin, Psychologie und Gesundheitsberufen. Von renommierten Autoren aller Springer-Verlagsmarken.

Miriam Landes · Eberhard Steiner
Elisabeth von Hornstein (†)

Meta-Führung

Besonderheiten bei der Führung von Führungskräften

Prof. Dr. Miriam Landes
Institut für Unternehmenssteuerung &
Veränderungsmanagement
München
Deutschland

Prof. Dr. Eberhard Steiner
Institut für Unternehmenssteuerung &
Veränderungsmanagement
München
Deutschland

Prof. Dr. Elisabeth von Hornstein (†)
München
Deutschland

ISSN 2197-6708
essentials
ISBN 978-3-658-10849-6
DOI 10.1007/978-3-658-10850-2

ISSN 2197-6716 (electronic)

ISBN 978-3-658-10850-2 (eBook)

Die Deutsche Nationalbibliothek verzeichnet diese Publikation in der Deutschen Nationalbibliografie; detaillierte bibliografische Daten sind im Internet über http://dnb.d-nb.de abrufbar.

Springer Gabler

Gedruckt auf säurefreiem und chlorfrei gebleichtem Papier

Springer Fachmedien Wiesbaden ist Teil der Fachverlagsgruppe Springer Science+Business Media
(www.springer.com)

Prof. Dr. Elisabeth von Hornstein ist verstorben.

Was Sie in diesem Essential finden können

- Einen Überblick über wichtige Führungsaufgaben
- Eine Erläuterung der Unterschiede zwischen der Führung von Mitarbeitern mit und ohne Führungsaufgaben
- Eine Untersuchung bekannter Führungsstile auf ihre Eignung zur Führung von Führungskräften
- Eine Strukturierung der Aufgaben von Vorgesetzten und Führungskräften in Führungshemisphären
- Eine Darstellung der motivationalen Aspekte in der Führung von Führungskräften

Vorwort

Dieses Essential basiert auf einem Kapitel des Herausgeberbandes „Die Zukunft der Führung" von Sven Grote, erschienen 2012 im Verlag Springer Gabler. Für die Veröffentlichung in der Reihe „Essentials" wurde der Beitrag überarbeitet und erweitert.

Inhaltsverzeichnis

Zum Begriff der Führung

1

Zum Begriff der Führung sind vielfältige Definitionen geprägt worden (zu einem Überblick vgl. z. B. Brodbeck et al. 2002; Kauffeld 2011; Nerdinger et al. 2011; Yukl 2006; Dörr 2013), die sich wiederum je nach Disziplin unterscheiden. So lassen sich Führungsbegriffe aus der Philosophie und Soziologie, der Psychologie, der Wirtschaftswissenschaft, der Politikwissenschaft, der Geschichtswissenschaft und der militärischen Führung finden. Viele dieser Begriffe sind nicht randscharf, sondern gehen ineinander über. Häufig lassen sich jedoch zentralprägnante Kerne ausmachen. In zahlreichen Definitionen wird die absichtsvolle Einflussnahme als ein Kern von Führung herausgearbeitet.

In der Soziologie und Sozialpsychologie stehen die Ausübung von Einflussnahmen in Gruppen (vgl. z. B. Aronson et al. 2008, S. 295) und die Frage im Vordergrund, wie Gruppendynamiken wirken und sich Rollen in Gruppen herausbilden (vgl. z. B. Gellert und Nowak 2010).

In einem Überschneidungsbereich zur Wirtschaftspsychologie findet sich die Frage der unterschiedlichen Führungsstile (vgl. Aronson et al. 2008, S. 296), der Eigenschaften von Führungspersönlichkeiten und des Führungsverhaltens (vgl. z. B. Frey und Spielmann 1987, S. 164; Rosenstiel 1991, S. 6). Hier ist die absichtsvolle Einflussnahme oftmals auf das Verhalten von Individuen oder Teams gerichtet. In der Wirtschaftspsychologie kommt der Aspekt der Motivation und damit die Fülle der Motivationstheorien hinzu (vgl. zu einem Überblick Hohenberger und Spörrle 2013).

Dies stellt einen Anknüpfungspunkt zur Wirtschaftswissenschaft dar, bei der es ebenso um die Einflussnahme auf das Verhalten geht. Hier kommen insbesondere Anreizsysteme zum Tragen (vgl. Steiner und Baake 2013; Steiner und Landes 2014). Dabei setzt Führung die Definition von Zielen voraus und die Zielerreichung führt zu einer Bonifizierung. Führung im wirtschaftswissenschaftlichen Kontext kann auch als Führung durch Strukturen verstanden werden, also durch

© Springer Fachmedien Wiesbaden 2015

M. Landes et al., *Meta-Führung*, essentials, DOI 10.1007/978-3-658-10850-2_1

die Schaffung einer Organisationsform, aus der sich die Führungsbeziehungen ergeben. Ein weiterer Bereich der Führung aus wirtschaftswissenschaftlicher Perspektive ist die abstrakte Sichtweise auf ein Führungssystem in Abgrenzung zum Leistungssystem, welches sich aus den Führungsteilsystemen (Planungs-, Kontroll-, Personalführungs-, Organisations- und Informationssystem) zusammensetzt und durch das Controlling koordiniert wird (vgl. Küpper 2008, S. 28). Die Unternehmensführung steht im Mittelpunkt und die Definition des Führungsbegriffs lässt sich um die Zielorientierung erweitern: „zielorientierte soziale Einflussnahme zur Erfüllung gemeinsamer Aufgaben" (Wunderer und Grunwald 1980, S. 62). Sie dient der Harmonisierung aller Leistungsprozesse einer Unternehmung (Bleicher 1991, S. 372). Führung kann im wirtschaftlichen Kontext auch aus einer strategischen Perspektive heraus als langfristig angelegte Einflussnahme auf das Marktgeschehen mit dem Ziel der Wertschöpfung betrachtet werden (vgl. zum Begriff Leadership in diesem Kontext Hinterhuber 2007).

Die strategische Sicht knüpft an die Führung im militärischen Sinne an, bei der im Altertum der Begriff Strategie als „Feldherrenkunst" geprägt wurde, die sich mit der Planung im Großen beschäftigt (vgl. Hinterhuber 2007, S. 55). Im militärischen (taktischen und operativen) Kontext ist Führung absichtsvolle Einflussnahme auf das Verhalten der Truppen und der Untergeben.

In den Politikwissenschaften stellt Führung im Sinne eines Political Leadership einen Untersuchungsgegenstand dar (vgl. z. B. Burns 1978). Dabei geht es um die Einflussnahme von Personen oder Gruppen auf gesellschaftliche Prozesse. Es ergeben sich Anknüpfungen zur „Great-Man-Theory" nach Carlyle (1840) (vgl. auch Aronson et al. 2008, S. 295).

Der Untersuchungsgegenstand Führung weist offenbar in den unterschiedlichen Bereichen viele Überschneidungen auf. Er kann häufig auf die absichtsvolle Einflussnahme zurückgeführt werden, eine klare Abgrenzung existiert aber selten.

In den zahlreichen Untersuchungen zum Thema Führung (Stogdill listet schon 1974 über dreitausend Artikel dazu auf) findet in der deutschsprachigen Literatur die „Führung von Führungskräften" noch eher geringe Beachtung. Die Vernachlässigung dieses Themas verwundert nicht nur vor dem Hintergrund der Tatsache, dass praktisch alle größeren Unternehmen multihierarchisch aufgebaut sind und somit notwendigerweise ab einer gewissen Ebene Mitarbeiter mit Personalverantwortung zu führen sind. Insbesondere die selten explizit thematisierten (geschweige denn vermittelten) spezifischen Anforderungen, die mit der Führung von Führungskräften verbunden sind, verlangen nach einer fundierten Auseinandersetzung.

Die eindeutige Zuordnung allgemeingültiger Differenzierungskriterien für diese spezielle Führungssituation und damit die Eingrenzung des Untersuchungsgegenstands ist allerdings schwierig, was unter anderem daran liegt, dass

- es ein Unterschied ist, ob ein Meister einen Gruppenführer mit partiellen disziplinarischen Befugnissen führt oder ein Top-Manager einen Bereichsleiter, dessen Mitarbeiter wiederum ausschließlich Mitarbeiter mit Führungsaufgaben führen. Der organisatorische Einflussradius erhöht sich mit zunehmender Hierarchiestufe (vgl. Hornstein et al. 2011, S. 47),
- es ein Unterschied ist, ob es sich um ein Führungsteam handelt, das sich beispielsweise im Rahmen von Jours fixes regelmäßig trifft, oder ein international besetztes Team, dessen Interaktionen eher virtueller Natur sind,
- viele der überwiegend in der Personalauswahl und -entwicklung geforderten und in der Praxis häufig unter „Managementkompetenzen" zusammengefassten Anforderungen ansatzweise und/oder in abgeschwächter Form auch auf Führungskräfte zutreffen, deren Mitarbeiter keine Personalverantwortung haben.

2

2.1 Vorgesetzter und Führungskraft

Mit steigender Hierarchiestufe nehmen die vertikalen und horizontalen wechselseitigen Beziehungen zu, was zu immer komplexeren Systemen führt, insbesondere wenn (wie im Fall einer Matrix-Organisation) sich noch zusätzliche Einflüsse durch Projekt-Führungskräfte, Produktlinien-Manager, Programm-Verantwortliche etc. ergeben (vgl. Einsiedler 2009, S. 276). Damit erhöht sich die Bedeutsamkeit des Führungshandelns enorm und der organisationale Einflussradius steigt.

In der Literatur werden verschiedene Führungsebenen unterschieden: First Line Manager (in Abgrenzung zum Supervisor), das Mittlere Management und das Executive Management. Die nachfolgende Definition erfolgt in Anlehnung an die englischsprachige Literatur, die sich eingehender mit der Führung von Führungskräften beschäftigt hat.

First Line Manager repräsentieren die erste Managementstufe, an die Nicht-Manager berichten (vgl. Hales 2005, S. 473). Davon wird in Teilen der englischsprachigen Literatur der „Supervisor" unterschieden: Während der Supervisor in direktem persönlichen Austausch mit den Ausführenden steht, ist der First Line Manager nur indirekt durch den Supervisor mit ihnen in Kontakt. Dem First Line Manager steht eine Entscheidungsbefugnis zu, die dem Supervisor fehlt. Betrachtet man Verantwortlichkeit (responsibility) in den Einzelaspekten Rechenschaftspflicht (accountability) und Entscheidungsmacht (control), so fehlt dem Supervisor die Entscheidungsmacht bei gleichzeitiger Rechenschaftspflicht (vgl. Lowe 1992, S. 150). In der Praxis sind Unterschiede allerdings fließend, wobei sich festhalten lässt, dass First Line Manager öfter über eine akademische Ausbildung verfügen, Managementtraining-Programme durchlaufen, für die Managementstelle über eine (externe) Stellenausschreibung eingestellt wurden und Aufstiegschancen in das

© Springer Fachmedien Wiesbaden 2015

M. Landes et al., *Meta-Führung*, essentials, DOI 10.1007/978-3-658-10850-2_2

mittlere Management in Aussicht haben. First Line Manager sind oftmals Teamleiter oder Projektverantwortliche, während Supervisoren Leitungsfunktionen innerhalb des Teams einnehmen.

Executive Manager besitzen Entscheidungsmacht in strategischen Fragen, bestimmen die Finanz- und Geschäftspolitik des Unternehmens und haben das Recht, die Besetzung der Positionen im Mittleren Management vorzunehmen. Sie sind Vorgesetzte des Mittleren Managements. Auch innerhalb des Executive Managements können sich für den CEO Probleme der Führung von Führungskräften ergeben (vgl. Orlikoff und Totten 1999, S. 28; Spahn und Flanagan 2003, S. 47 f.). Executive Manager sind den Stakeholdern gegenüber verantwortlich und stehen mit diesen in direktem Austausch. Sie werden oftmals von den Aufsichts- und Kontrollgremien des Unternehmens berufen (Geschäftsführung). Executive Manager besitzen in der Regel einen Hochschulabschluss, häufig aber auch mehrere akademische Abschlüsse, werden in der Regel über eine (externe) Stellenausschreibung eingestellt und haben einen mehrjährigen Berufsweg hinter sich.

Das Mittlere Management lässt sich indirekt definieren: Es steht zwischen dem Executive Management und dem First Line Management. Es berichtet in dieser Funktion an das Executive Management und erhält Berichte des First Line Managements. Das Mittlere Management führt Führungskräfte (First Line Manager) und wird selbst durch Executive Manager geführt.

Im Folgenden wird zur Abgrenzung der Rollen der Begriff „Führungskraft" für die Perspektive gewählt, in der Manager sowohl führen als auch selbst geführt werden. Der Begriff „Vorgesetzter" wird für den Manager benutzt, an den berichtet wird (siehe Abb. 2.1).

Die Frage „Wie führt man Führungskräfte?" ist somit im Executive Management und im Mittleren Management von Bedeutung. Die Bedeutung des Mittleren Managements als Forschungsgegenstand zeigt sich in zweierlei Hinsicht: Zum einen wird hier die „Sandwichposition" und die Doppelbelegung der funktionalen Rolle als Führungskraft und als Geführter besonders deutlich. Zum anderen spielt das Mittlere Management eine zentrale Rolle in Bezug auf die Strategieumsetzung in Organisationen.

2.2   Aufgaben im Management

Zahlreiche Untersuchungen beschäftigen sich mit den Gemeinsamkeiten, die Managementaufgaben über die Ebenen hinweg aufweisen (vgl. Überblick bei Kraut et al. 2005, S. 122). Kraut et al. widmen sich in ihrem Aufsatz der unterschiedlichen Bedeutung von Führungsaufgaben in den drei Managementebenen (vgl. Kraut

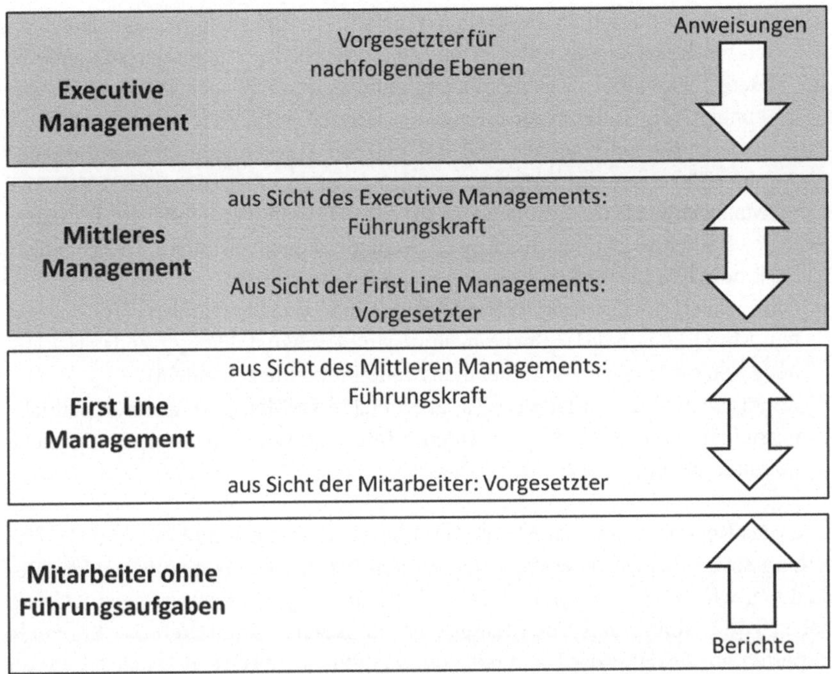

Abb. 2.1 Führungsebenen

et al. 2005, S. 123–126). In einer Befragung bewerteten 1412 Inhaber von Managementpositionen die Bedeutung von 57 Aufgaben aus ihrem beruflichen Kontext. Daraus wurden sieben wesentliche Aufgabenfelder im Management abgeleitet:

- Anweisen und Beaufsichtigen
  - Management individueller Leistungserbringung (u. a. Motivation, Feedback, Herstellung von Kongruenz persönlicher und unternehmerischer Ziele, Konfliktlösung)
  - Anweisungen erteilen (u. a. Information über Prozesse und Einteilungen, technische Unterstützung bei der Problemlösung, Einweisung in neue Techniken, tägliche Einsatzplanung)
- Koordinieren
  - Ressourcen planen und verteilen (u. a. Ziele definieren, Ressourcenbedarfe abschätzen, Kennzahlen für Leistungsbeurteilung definieren, Ressourcen zuweisen, Generalziele in konkrete Pläne überführen, Nutzen von Veränderungen sichtbar machen)

- Koordination von unabhängigen Teams (u. a. Informationen aus dem Executive Management erhalten und analysieren, Informationen aus anderen Bereichen einholen, Unterstützung anderer Bereiche sicherstellen, Auswirkungen von Änderungen im eigenen Bereich auf andere abschätzen, Ziele anderer Bereiche kennen und mit eigenen koordinieren, andere Bereiche unterstützen und informieren)
- Management von Teamleistungen (u. a. Verantwortlichkeiten festlegen, Zielverfehlungen kommunizieren, Veränderungen vermitteln, Berichte über Produktivität erstellen, Leistungen der Teams kennen)
- Umfeldanalyse (u. a. Kontakt zur Managementebene der Kunden und Lieferanten, Mitwirkung bei der Suche nach neuen Geschäftsfeldern, Trends erfassen, neue Märkte erkennen, unternehmensweite Probleme behandeln)
- Repräsentation der Mitarbeiter (u. a. Kontakte zu Managern anderer Bereiche herstellen und Bedarfe anmelden, Informationen an andere Bereiche kommunizieren)

Über das Repräsentieren der Mitarbeiter hinaus erhält das Repräsentieren der Abteilung sowie das Gestalten von Netzwerken bei den CEOs eine besondere Bedeutung, wie die Studie von Nohira et al. (2003) zeigt. Zur empirischen Klärung haben Nitin Nohira und Co-Autoren eine umfassende Studie mit 50 führenden Experten an der Harvard University durchgeführt („Evergreen Project"). Dabei wurden 220 Erfolgsfaktoren („Erfolgsgeheimnisse") des Managements über zehn Jahre bei 160 Unternehmen untersucht mit folgendem Ergebnis: Es besteht kein Zusammenhang zwischen den 30 getesteten Persönlichkeitsmerkmalen der Top-Manager (CEO) und dem langfristigen wirtschaftlichen Erfolg der Unternehmen. Es ist also irrelevant, ob der Geschäftsführer charismatisch, visionär, selbstsicher, geduldig, zurückhaltend oder detailorientiert ist. Als wichtig erwies sich vielmehr die Fähigkeit, persönliche Beziehungen über alle Hierarchiestufen und Funktionen hinweg zu unterhalten sowie Probleme und Chancen etwas früher als andere zu erkennen (als „Intuition" bezeichnet; vgl. Nohira, Joyce und Roberson 2003).

Klassische Führungsstile und ihre Eignung für die Führung von Führungskräften

3

Was unterscheidet die Führung von Führungskräften von der Führung von Mitarbeitern ohne Führungsaufgaben?

Bei den von Kraut et al. (2005) herausgearbeiteten Aufgabenfeldern zeigte sich, dass First Line Managern hauptsächlich „Management individueller Leistungserbringung" und „Anweisungen erteilen" zugeordnet wurden. Im Mittleren Management wird vor allem „Koordination" als essentielle Aufgabe betrachtet. Im Executive Management werden die Aufgaben hauptsächlich im Bereich „Umfeldanalyse" sowie in der „Koordination unabhängiger Teams" gesehen. Allen Managementebenen wird „Repräsentieren der Mitarbeiter nach außen" als Aufgabe zugeschrieben.

Wie beschrieben existiert keine allgemeingültige Definition des Führungsbegriffs, was auch darin begründet liegt, dass unterschiedliche Disziplinen ihr eigenes Verständnis von Führung entwickelt haben. Allerdings lässt sich bei verschiedenen Definitionen herausarbeiten, dass „Führung" bedeutet, Einfluss zu nehmen (vgl. Dörr 2008, S. 7). Weitere Charakteristika der Führung liegen in der Motivation und der Befähigung, Ziele zu erreichen (vgl. Locke und Latham 1990; Brodbeck et al. 2002, S. 329 f.).

Einflussnahme kann durch ein Tun (aktives Handeln) erfolgen. Sie kann aber auch in einem Dulden, d. h. einem Zulassen der Handlung des Mitarbeiters und dem Unterlassen, also dem gewollten „Nichthandeln", wenn eigenes aktives Handeln möglich wäre, liegen.

Unabhängig davon, ob ein Vorgesetzter Führungskräfte oder Mitarbeiter führt, ist Motivation eine zentrale Führungsaufgabe. Gleiches gilt für die Befähigung zur Zielerreichung. Allerdings ändert sich der Fokus, wenn der Vorgesetzte Führungskräfte führt. Hier treten neben die Motivation zum operativen Tun und der Befähigung zur Erfüllung des Sachziels die Motivation zur Übernahme der Führungsverantwortung und die Befähigung zur Erfüllung der Führungsaufgabe.

© Springer Fachmedien Wiesbaden 2015

M. Landes et al., *Meta-Führung*, essentials, DOI 10.1007/978-3-658-10850-2_3

Ein weiterer Unterschied ergibt sich bei der Art der Einflussnahme. Bei der Führung von Mitarbeitern ohne Führungsaufgaben wird Einflussnahme öfter durch aktives Handeln auf der Ebene der Sachzielerfüllung stattfinden (z. B. durch Zuteilung von Aufgaben und der Reihenfolge ihrer Abarbeitung, Definition der Handlungsschritte zur Aufgabenerledigung, Eingreifen in den Handlungsablauf, Treffen von Entscheidungen etc.). Mit zunehmender Verantwortungsübertragung nimmt auch das Dulden und Unterlassen von Handlungen durch den Vorgesetzten zu. Der Vorgesetzte definiert die Ziele und gewährt Entscheidungsmacht. Zieht er die Entscheidungsmacht wieder an sich (greift er also selbst in die Handlung ein), so trifft ihn auch die Rechenschaftspflicht: Damit sind beide Elemente der Verantwortungsübertragung (Entscheidungsmacht und Rechenschaftspflicht) wieder auf den Vorgesetzten übergegangen. Es fehlt der „Führungskraft" dann ein wesentliches Attribut und sie ist lediglich Erfüllungsgehilfe ohne eigenen Gestaltungsspielraum. Der Verzicht auf ein eigenes Handeln bei der Sachzielerfüllung ist ein wesentlicher Unterschied bei der Führung von Führungskräften im Vergleich zur Führung von Mitarbeitern ohne Führungsverantwortung.

Die Führung von Führungskräften ist auf jeder Ebene mit spezifischen Herausforderungen verbunden. Mit steigender Hierarchieebene wachsen oft das Selbstvertrauen und die Selbstsicherheit der Geführten. Veränderungs- und Lernbereitschaft sowie die Bereitschaft, sich Kritik zu stellen, können hingegen manchmal abnehmen. Im Mittleren Management erscheint die mögliche Einmischung des Vorgesetzten in operative Belange und der damit verbundene Reputationsverlust der Führungskraft bei den Mitarbeitern ebenso eine denkbare Schwierigkeit wie die begrenzten Entscheidungsbefugnisse und die Notwendigkeit, sich Freigaben einzuholen.

Generell gilt, dass auf oberen Ebenen die direkten Eingriffe der Vorgesetzten abnehmen und die Ermöglichungen zur eigenständigen Führung hingegen zunehmen sollten. Betrachtet man die Aufgabenbeschreibungen von Kraut et al. (2005), so ist „Koordination" eine vordringliche Aufgabe im Mittleren Management. Hier geht es nicht in erster Linie um die Einmischung in operative Tätigkeiten, sondern um die Zieldefinition und -vereinbarung, die Ressourcenzuweisung und die Unterstützung. In Bezug auf das Executive Management gilt dies ebenso, wobei hier die strategische Ausrichtung noch stärker in den Vordergrund tritt.

Ist der Führungsstil ein Produktionsmittel im Führungssystem der Unternehmung?

Neben der Beschreibung der Aufgaben stellt sich die zentrale Frage, in welcher Art und Weise diese Aufgaben bearbeitet werden. Für den Vorgesetzten ergibt sich daraus die Frage des zu wählenden Führungsstils. Stellen die Managementaufgaben den Output (die „Produkte") des Führungssystems einer Unternehmung dar, so kann der Führungsstil als „Produktionsmittel" verstanden werden. Die Wahl des Produktionsmittels ist dann abhängig von den zur

Verfügung stehenden Produktionsfaktoren, also den Fähigkeiten, Kenntnissen und Fertigkeiten des Vorgesetzten und der Passung von gewünschtem Output und gewähltem Produktionsmittel. In einer Armee sind Befehl und Gehorsam als Produktionsmittel eher angebracht, um den gewünschten Output zu erreichen, als in einem Unternehmen. Ähnlich verhält es sich mit der Führung von Führungskräften. Auch hier kommt es auf die Passung von Output und Produktionsmittel an, ohne die ein Ergebnis oft nicht optimal ist.

Wie geeignet sind klassische Führungsstile bei der Führung von Führungskräften?

Von den unterschiedlichen in der Wissenschaft diskutierten Führungsstilen eignet sich der autoritäre Führungsstil (vgl. Lewin et al. 1939, S. 271–299) kaum jemals zur Führung von Führungskräften. Dieser Führungsstil engt die Möglichkeiten der Führungskraft ein und reduziert deren Handlungsspielräume erheblich. Ein solcher Führungsstil ist rein im operativen Tun verhaftet und kaum fördernd orientiert. Eine Entwicklungsorientierung zeichnet diesen Führungsstil nicht aus.

Ein kooperativer Führungsstil ist grundsätzlich hierarchisch angelegt, auch wenn er durch Diskussion und Kooperation eine bessere Einbindung der Führungskräfte erlaubt und zu einer höheren Motivation führen kann. Eine Entwicklungsorientierung muss mit diesem Führungsstil jedoch nicht zwangsläufig verbunden sein. Sie mag sich zufällig ergeben, da Führungskräfte zu kritischem Denken angeregt werden und eigene Vorstellungen einbringen können, doch sie wird nicht systematisch gefördert und entwickelt.

Auf den ersten Blick erscheint der transaktionale Führungsstil (vgl. Burns 1978) bei der Führung von Führungskräften sinnvoll. Hier steht das Austauschverhältnis von Vorgesetztem und Führungskraft im Vordergrund. Durch die Vereinbarung von Zielen und die mit der Zielerreichung verbundenen Bonuszahlungen wird ein Transaktionsverhältnis geschaffen. Sofern die Ziele rein sachorientiert sind (z. B. Erfüllung bestimmter Renditeziele, Abschluss von Projekten), wohnt dem Ansatz keine Entwicklungsperspektive inne. Es findet dann keine gezielte Weiterentwicklung des Führungsverhaltens statt, sondern es handelt sich vielmehr um ein (materielles) Geben und Nehmen nur auf der Ebene der Sachzielorientierung. Die Zielvereinbarung kann zwar auch die Entwicklungsorientierung umfassen, wenn z. B. Weiterbildungsziele vereinbart werden; jedoch findet der Austausch dann in der Regel nicht durch eine entwicklungsorientierte Förderung, verstanden als Sinnstiftung, statt. Dies mag im Bereich der Mitarbeiter ohne Führungsaufgaben hinreichend sein, für Führungskräfte ist es ein unzulänglicher Austausch.

Dem wirkt der transformationale Führungsstil (vgl. Bass und Avolio 1994) entgegen, der ein besonderes Gewicht auf den Bereich der entwicklungsorientierten Förderung legt. Ein solcher Führungsstil scheint besonders geeignet für die

Führung von Führungskräften. Allerdings steht hierbei die Frage im Raum, inwieweit Führungskräfte überhaupt „transformiert" werden wollen. Ist dafür gar keine Bereitschaft vorhanden, wird eine entwicklungsorientierte Förderung nicht nur ins Leere laufen, sondern kann zu einer Ablehnungsreaktion führen: Wer nicht begeistert werden will, reagiert auf entsprechende Versuche mit Zurückhaltung oder Ablehnung.

Durch den eingangs erwähnten hohen Einflussradius der Vorgesetzten kommt dem Konzept der symbolischen Führung eine besondere Bedeutung zu. Der Grundgedanke der symbolischen Führung besteht darin, dass der Glaube an die Bedeutung der Führung stabilisiert werden muss, um wirksam zu führen. Dies passiert durch symbolische Handlungen und Rituale. Dadurch kommt es zu einer Sicherstellung der Entscheidungsakzeptanz. Insbesondere mit Blick auf die vielen objektiven Widersprüche in den mehrdeutigen und komplexen Unternehmenswelten ist dies von enormer Wichtigkeit (vgl. Rosenstiel 2009, S. 23).

Bezieht man in diese Überlegungen die Aussagen von Hersey und Blanchard (vgl. Hersey et al. 2008, S. 131 ff.) zum situativen Führungsstil mit ein, so wird deutlich, dass die *Eigenschaften des Geführten selbst* ein wichtiger Bestimmungsfaktor des Führungsstils sind. Allerdings unterscheiden Hersey und Blanchard verschiedene Reifegrade der Geführten und somit ein Merkmal, nicht jedoch eine Willensmanifestation der Geführten. Nicht deren Wünsche sind bestimmend, sondern die Auffassung, die der Vorgesetzte von ihrer Reife hat.

Führung von Führungskräften über einen (impliziten) Kontrakt?

Geht man davon aus, dass sowohl der Vorgesetzte als auch die Führungskraft eine eigene Vorstellung vom Ausmaß der Führungs- und der Entwicklungsorientierung haben, so sollte eine – zumindest implizite – Einigung erfolgen. Weder eine Durchsetzung des Willens des Vorgesetzten noch der Vorstellungen der Führungskraft zu Lasten des jeweils anderen erscheinen sinnvoll. Eine solche Kontraktorientierung ist in den klassischen Ansätzen nur im Sinne eines eindimensionalen Austauschverhältnisses zur Sachzielerfüllung enthalten. Die Führung von Führungskräften ist jedoch mehrdimensional, vielschichtig und muss auf die Eigenständigkeit und Verantwortlichkeit besondere Rücksicht nehmen.

Im Folgenden soll daher ein Modell aufgestellt werden, das die verschiedenen Anforderungen bei der Führung von Führungskräften kategorisiert und in vier Teilaspekte untergliedert, die sich zu zwei Hemisphären zusammenfassen lassen: die Entwicklungshemisphäre und die Hemisphäre der operativen Führung.

Aus Sicht des Vorgesetzten betrachtet ergeben sich daraus spezifische Anforderungen, die aus einem Tun (Bringschuld des Vorgesetzten) oder einem Abwarten (Holschuld der Führungskraft) bestehen. Dem liegt der (implizite) Kontrakt über Ausmaß und Art der Führung zwischen den Polen der Bring- und Holschuld zugrunde.

Relevanz für die Praxis

4

4.1 Hemisphären der Führung von Führungskräften

Der Begriff der Hemisphäre beschreibt hier zwei benachbarte Quadranten eines Koordinatensystems, die ober- bzw. unterhalb der Abszisse liegen und die jeweils eine Perspektive bei der Führung von Führungskräften beschreiben sollen: die Entwicklungshemisphäre (Geführtenhemisphäre) und die Hemisphäre der operativen Führung (Führungshemisphäre).

Die Entwicklungshemisphäre beschreibt den Bereich, in dem die Führungskraft selbst Objekt der Führung ist. Sie wird in den Quadranten III („Sinn stiften und Verständnis wecken") und IV („Selbstführung anstoßen und zulassen") abgebildet. Diese Hemisphäre ist entwicklungsorientiert und langfristig ausgerichtet, oftmals ist sie daher auch weniger konkret als die Führungshemisphäre.

Die Führungshemisphäre umfasst die Sachebene im operativen Tun. Sie ist daher eher konkreter ausgerichtet. Diese Sachzielorientierung widmet sich der Bearbeitung der operativen Führungsaufgaben. Sie findet sich in den Quadranten I („zur Führung motivieren und delegieren") und II („Führung ermöglichen und dulden") (siehe Abb. 4.1).

Dem Vorgesetzten kommen bei der Führung von Führungskräften in beiden Hemisphären zwei Aufgaben zu: eine aktiv Handelnde und eine stillhaltend Ermöglichende. In der aktiv handelnden Sicht muss der Vorgesetzte die Zielerreichung fördern und eine Bringschuld erfüllen. In der stillhaltend ermöglichenden Sicht muss der Vorgesetzte die Zielbildung ermöglichen, das Handeln der Führungskraft dulden und ein Eingreifen unterlassen, solange die Führungskraft sich innerhalb der definierten Strukturen und Prozesse bewegt. Die Führungskraft befindet sich hier in einer Holschuld.

Legt man die Einflussfaktoren des Verhaltens nach Rosenstiel (1991, S. 144 ff.) zugrunde, so lassen sich die vier Quadranten entsprechend abbilden:

© Springer Fachmedien Wiesbaden 2015
M. Landes et al., *Meta-Führung*, essentials, DOI 10.1007/978-3-658-10850-2_4

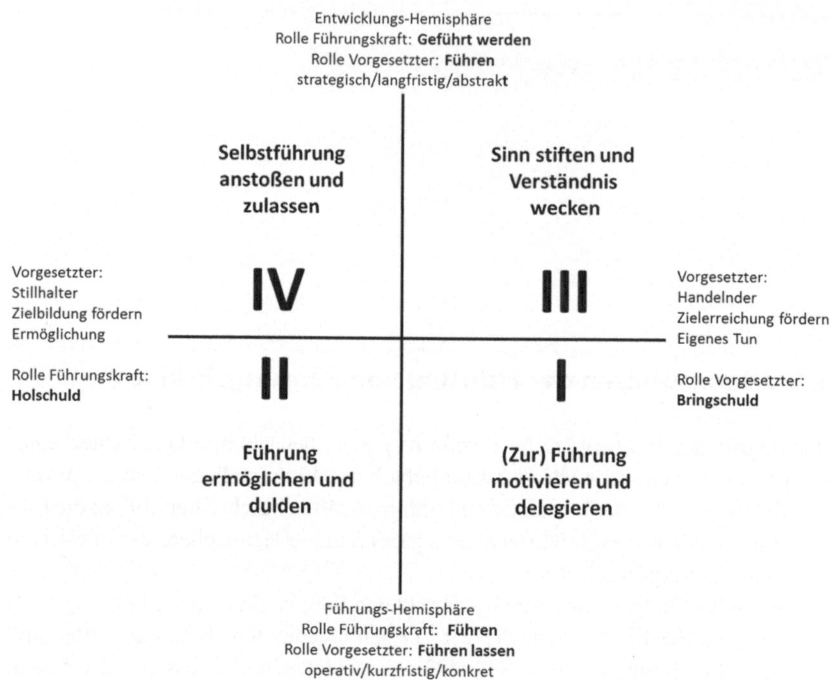

Abb. 4.1 Hemisphären der Führung von Führungskräften nach Landes/Steiner

- Motivation (das persönliche Wollen) in Quadrant I
- Qualifikation (das individuelle Können) in Quadrant II
- Normen (das soziale Dürfen und Sollen) in Quadrant III
- Situative Ermöglichung in Quadrant IV

4.2 Hemisphäre der operativen Führung (Führungshemisphäre): Aufgaben des Vorgesetzten

4.2.1 Quadrant I: Förderung des operativen Tuns der Führungskraft – Delegation und Motivation (Bringschuld)

Das in der sachorientierten Führungshemisphäre beschriebene Handeln dient der Erfüllung der betrieblichen Aufgabe, d. h. der Erfüllung des Sachziels der Unternehmung. Im Bereich der Mitarbeiter ohne Führungsaufgaben schlägt sich dies im Zuweisen konkreter Aufgaben, der Vorgabe von Wegen zur Aufgabenerfüllung sowie der Kontrolle der Zielerreichung nieder.

Die Bringschuld des Vorgesetzten bei der Führung von Führungskräften geht über das Zuweisen von Aufgaben und die Kontrolle der Ausführung weit hinaus. Im Vordergrund sachorientierter Führungsaufgaben steht nicht die Delegation von Aufgaben, sondern die Delegation von Verantwortlichkeit, d. h. von Entscheidungsmacht und Rechenschaftspflicht unter Vorgabe von Zielen, die sich aus der übergeordneten Strategie ableiten lassen.

Weitere Aufgabe des Vorgesetzten ist die Definition der Verantwortlichkeit:

- Wofür ist die Führungskraft verantwortlich?
- Welche Entscheidungskompetenzen gibt es?
- Welche Rechenschaftspflicht hat die Führungskraft?

Diese Rechenschaft kann in vielfältigen Bereichen erfolgen und z. B. in der Erfüllung von Qualitätszielen, der Erreichung von Produktions- oder Absatzzahlen, der Anzahl von Krankheitstagen der Mitarbeiter, Fluktuationszahlen oder in der Budgeteinhaltung bestehen. Sodann ist es eine Aufgabe des Vorgesetzten, eine Kontrolle der Zielerreichung vorzunehmen.

Der Vorgesetzte muss in der Lage sein, aus der Unternehmensstrategie konkrete Ziele abzuleiten und diese mit der Führungskraft zu vereinbaren. Weiter müssen Prozesse und Aufgaben so genau definiert sein, dass kein Führungsvakuum entsteht. Dies bedeutet nicht, dass der Vorgesetzte jeden einzelnen Prozessschritt definieren muss oder soll, was das Gegenteil von Verantwortungsübertragung und somit eine deutliche Überzeichnung darstellen würde. Die Führungskraft muss vielmehr den Spielraum und die Grenzen kennen, innerhalb derer sie sich mit ihrer Führungsaufgabe bewegt.

In der Ausgestaltung der Zielerfüllung ist die Führungskraft dann innerhalb dieser vordefinierten Strukturen und Prozesse frei. Die Freiheitsgrade nehmen mit der Hierarchieebene zu. Werden Ziele definiert und Verantwortlichkeiten delegiert, so ist ein direkter Eingriff in konkrete Maßnahmen zur Zielerreichung nur in Ausnahmefällen angezeigt. Mit der Zunahme der Verantwortlichkeitsübertragung nimmt die Möglichkeit direkter Einflussnahme des Vorgesetzten ab. Vorgesetzte müssen daher ihr Führungsverhalten danach ausrichten und sich zurücknehmen können: Auch wenn ein Vorgesetzter andere Wege zur Zielerreichung gewählt hätte, verbieten sich in aller Regel direkte Eingriffe in die Planung und Umsetzung, da der Führungskraft die Verantwortung übertragen wurde. Verantwortung muss mit Entscheidungsmacht einhergehen, sonst gerät sie zur bloßen Fassade. Aus der möglichen Motivation durch eine Verantwortungsübertragung entwickelt sich in diesem Fall eine schleichende Demotivation aufgrund fehlender Entscheidungsmacht.

Bewegt sich die Führungskraft innerhalb der definierten Strukturen und Prozesse, also innerhalb der Entscheidungsbefugnisse, so sollte es regelmäßig keinen Grund für einen Eingriff des Vorgesetzten geben. Andernfalls ist die Stelle durch die Führungskraft möglicherweise fehlbesetzt. Dies schließt nicht grundsätzlich den wohlmeinenden Rat und die Erfahrungspartizipation aus; damit bewegt sich der Vorgesetzte jedoch eher in der Entwicklungshemisphäre.

Überzeichnungen lägen z. B.

- in der kleinteiligen Vorgabe von Detailzielen,
- in der Definition von vagen, unkonkreten Zielen,
- in der Definition von Verantwortungsbereichen außerhalb des Einflusses der Führungskraft oder
- in der Zielkontrolle in extrem kurzen oder extrem langen Zeitabständen.

Neben der Führungsdelegation ist auch die Motivation zur Wahrnehmung der Führungsaufgabe eine wesentliche Anforderung an den Vorgesetzten. Hierzu zählt das Setzen von Anreizen für die Übernahme der Verantwortung und die Zuweisung der nötigen Ressourcen für die Erfüllung der Führungsaufgabe. Weitere Felder sind das Vertreten von Fehlern nach außen, die Koordination unterschiedlicher Verantwortungsbereiche und das Lösen von Konflikten zwischen diesen Bereichen. Geben und Annehmen von Feedback (z. B. im Sinne des Aufwärtsfeedbacks) sind unterstützende Elemente.

Diese Bereiche werden bei der Führung von Mitarbeitern mit oder ohne Personalverantwortung als essentielle Führungsaufgabe betrachtet. Zeigen sich bei der Führung von Führungskräften hier Defizite, sind die Auswirkungen weitreichender, da sie sich kaskadenartig nach unten fortsetzen und im schlimmsten Fall unternehmenskulturprägend sind.

Quadrant I bildet die Motivation als verhaltensbeeinflussenden Führungsaspekt ab. Motivation ist das Zusammenwirken von situativen Anreizen und individuellen Eigenschaften: Es wird Energie für eine Handlung aktiviert und eingesetzt. Hierfür bedarf es bestimmter auslösender Faktoren: Das Motiv muss durch einen adäquaten Reiz angeregt werden und kognitive Prozesse müssen angestoßen werden (vgl. Hohenberger und Spörrle 2013, S. 103). Bei der Führung von Führungskräften geht es um die Motivation der Führungskraft zur Führung einerseits und die Befähigung zur Motivation der eigenen Mitarbeiter andererseits.

Der Motivationsmöglichkeit durch Vorgesetzte sind jedoch Grenzen gesetzt: Es reicht nicht aus, einen Mitarbeiter zu motivieren, um eine erwünschte Handlung zu induzieren, teilweise ist eine Motivation auch völlig unmöglich. Ein Vorgesetzter würde sich selbst überfordern, würde er versuchen, eine Führungskraft in der inneren Kündigung zu Höchstleistungen zu motivieren.

Explizite Motive

Motive stellen die Beweggründe für Handlungsweisen dar und können somit zur Erklärung, Vorhersage und Beeinflussung von Verhalten herangezogen werden. Motive können nach ihrem Bewusstseinsgrad nach impliziten und expliziten Motiven unterschieden werden. Explizite Motive sind dem Bewusstsein zugänglich und bilden das Selbstbild einer Person ab. Implizite Motive liegen außerhalb des Bewusstseinshorizonts und eignen sich zur Prognose allgemeiner, überdauernder Verhaltensmuster. Implizite Motive können in drei Typen unterteilt werden, die sich in unterschiedlicher Ausprägung bei jedem Menschen nachweisen lassen (vgl. McClelland 1987; Hohenberger und Spörrle 2013, S. 104): Macht, Anschluss und Leistung. Menschen mit einem hoch ausgeprägten sozialisierten Machtmotiv legen eine gewisse Dominanz an den Tag, sind „Macher" und häufig in Management- und Führungspositionen zu finden. Anschlussmotivierte Menschen sind an guten zwischenmenschlichen Beziehungen interessiert, kooperativ und scheuen harte personelle Entscheidungen. Menschen mit einer hohen Leistungsmotivation setzen sich herausfordernde Ziele und wollen ihre Leistung unter Beweis stellen. Moderat schwierige, aber dennoch herausfordernde Aufgaben motivieren diese Menschen besonders stark. Entsprechend unterschiedlich ist der Wille zur Führung und die Art und Weise der Führung ausgeprägt. Als Vorgesetzter ist es daher sinnvoll, sich mit dem vorherrschenden Motivationsmotiv der Führungskraft auseinanderzusetzen, die man führen will. Eine machtmotivierte Führungskraft wird anderen Instrumenten zugänglich sein als eine leistungsorientierte oder eine dem Anschlussmotiv folgende Führungskraft.

Aus der Motivforschung kann ein Einflussfaktor auf den Führungserfolg abgeleitet werden, das Leadership Motiv Pattern nach McClelland (1987). Danach wirken ein hohes sozialisiertes Machtmotiv, ein mittleres Leistungsmotiv und ein niedriges Anschlussmotiv positiv auf den Führungserfolg in hierarchischen Unternehmen. Ein hohes Leistungsmotiv ist im Bereich Entrepreneurship besonders günstig. In Veränderungsprozessen stellt eine Anschlussmotivation und ein sozialisiertes Machtmotiv eine günstige Konstellation für den Führungserfolg dar (vgl. Dörr et al. 2013, S. 251).

Selbstwirksamkeitsüberzeugung

Nach der Selbstwirksamkeitstheorie (vgl. Bandura und Walters 1963) bestimmt die selbstwahrgenommene Zuversicht in die eigenen Fähigkeiten das Ausführen einer Handlung, wobei der Umfang der Selbstwirksamkeit sich von Mensch zu Mensch unterscheidet. So gibt es Führungskräfte (und Mitarbeiter), die sich für sehr kompetent halten, dies jedoch nicht sind und umgekehrt. Ob und wie eine Aufgabe ausgeführt wird, steht in Zusammenhang mit der Erfolgserwartung. Diese lässt sich unterteilen in die (generelle) Ergebniserwartung (führt ein bestimmtes Verhalten zu einem bestimmten Ergebnis?) und die (individuelle) Fähigkeitserwartung (kann ich dieses nötige Verhalten an den Tag legen?). Nur wenn beide Fragen bejaht werden, wird das entsprechende Verhalten auch ausgelöst. Diesen Zusammenhang greift z. B. das Erwartungs-Valenz-Modell von Lawler und Porter (1967) auf. Zur Steigerung der Selbstwirksamkeit und somit der Motivation können folgende Gesichtspunkte beitragen:

- Genaue Aufgabendefinition
- Bereitstellung nötiger Mittel
- Beseitigung von Störungen (z. B. Lärm)
- Stärkung des Glaubens an die eigenen Fähigkeiten durch Lob und Wertschätzung
- Übertragung von Verantwortlichkeiten und Handlungsspielräumen
- Aufbau von Qualifikation fördern und/oder verstärken
- Einführung objektiver Bewertungsstandards, an denen sich die Mitarbeiter orientieren können

Ziele, Selbstregulation und Ego-Depletion

Ein Ziel stellt eine individuelle konkretisierte Vorstellung dessen dar, was ein Individuum erreichen will. Sind Ziele kongruent mit den Motiven, können sie ein Mittel zur Aktivierung des Motivs sein. „Menschen, die in einem Unternehmen ein Ziel, wie zum Beispiel das Lösen einer besonders komplizierten Aufgabe, auferlegt bekommen und gleichzeitig ein hoch ausgeprägtes explizites Leistungsmotiv besitzen, fühlen sich wohler als Menschen mit einem niedrig ausgeprägten Leistungsmotiv" (Hohenberger und Spörrle 2013, S. 111). Sind Ziele und Motive inkongruent zueinander, so kommt es zu einer Beeinträchtigung des Wohlbefindens. Sind vereinbarte Ziele zu allgemein und zeitlich nicht definiert, kann der Mitarbeiter gedanklich nie komplett mit einer Aufgabe abschließen: Er wird kognitive Ressourcen in der Folge ineffizient einsetzen. Im Zielvereinbarungsprozess sollten übergeordnete Ziele daher in handhabbare Teilziele unterteilt werden, insbesondere bei Zielen, deren Verfolgung über einen langen Zeitraum andauert.

Das Verfolgen von Zielen wird von der Selbstregulation beeinflusst. Einflüsse auf die Zielerreichung werden aufgenommen und bewertet und daraus Rückschlüsse auf die Erfolgsaussichten des Verhaltens gezogen. Hierzu zählt das Feedback von Vorgesetzten, welches auch über die Bonuszahlung kommuniziert wird. Es spielt eine Rolle, ob eine Person Feedback aktiv sucht oder vermeidet: Menschen mit geringerem Selbstwertgefühl erfahren durch negatives Feedback eine negative Verstärkung ihrer Selbsteinschätzung (vgl. Landes und Laufer 2013, S. 686). Bei Personen mit hohem Selbstwertgefühl kann negatives Feedback als Motivator wirken, um bessere Leistungen zu erbringen. Ein Anreizsystem nimmt auf diese unterschiedlichen Regulationsstrategien keine Rücksicht.

Die kognitiven Ressourcen zur Selbstregulierung sind begrenzt und werden bei der Zielverfolgung unter Umständen aufgebraucht (Ego-Depletion). Personen, die in einem Versuch zuerst einer Selbstdisziplin erfordernden Aufgabe ausgesetzt waren, resignierten anschließend bei einer anderen komplizierten Aufgabe schneller als andere Versuchspersonen (vgl. Kahneman 2011, S. 42). Der Vorgesetzte sollte also beachten, wie stark die Führungsaufgabe die Führungskraft fordert, inwieweit sie die Führungskraft belastet und welche Hilfen nötig und angemessen sind. Sonst droht ein selbstregulierender Prozess in Gang zu kommen, der zu einer Minderung der Arbeitsleistungen der Führungskraft an anderer Stelle führt.

Self-Determination Theory

Nach der Self-Determination Theory (vgl. Ryan und Deci 2000) streben Individuen nach Weiterentwicklung, der Bewältigung von Herausforderungen und bauen die daraus gewonnenen Erkenntnisse in ihr Selbstkonzept ein. Dabei ist das Individuum äußeren Einflüssen ausgesetzt (sozialer Kontext), welche die Fähigkeit der Weiterentwicklung beeinflussen. Menschen haben nach Ryan und Deci (2000) drei psychologische Grundbedürfnisse:

- Autonomy (Überzeugung, dass man selbst das eigene Verhalten steuert)
- Competence (Herausforderungen suchen, bewältigen und die gewonnenen Fähigkeiten weiterhin einsetzen)
- Relatedness (Gefühl der Zusammengehörigkeit, der Integration als wertvoller Teil einer Gemeinschaft)

Ryan und Deci (2000) beschreiben die Wirkung von Belohnungen auf die intrinsische Motivation. Belohnungen oder Bestrafungen können die intrinsische Motivation danach erheblich reduzieren. Demgegenüber wirkt sich positives Feedback verstärkend auf die intrinsische Motivation aus. Hierbei kommt dem sozialen Kontext eine große Bedeutung zu; positives Feedback wird in einer repressiven Organisation als kontrollierend empfunden, d. h., es wird Druck ausgeübt, damit bestimmte Ziele erreicht werden. Intrinsische Motivation wird dann durch extrinsische Anreize verdrängt, die empfundene Autonomy oder Competence wird negativ beeinflusst.

Generell geht es in dieser Perspektive darum, die Zielerreichung nachhaltig zu fördern. Führungsdelegation und Führungsmotivation stellen damit Anforderungen an das Handeln des Vorgesetzten in seiner eigenen Führungsrolle.

4.2.2 Quadrant II: Ermöglichen und Dulden des operativen Tuns der Führungskraft (Holschuld)

Die Führungskraft hat die *Holschuld*, sich vom Vorgesetzten die nötige Unterstützung, Mittel und Ressourcen zu sichern, die für eine zielgerichtete Erfüllung des Sachziels „Führung" nötig sind. Der Vorgesetzte muss diese Holschuld akzeptieren und selbst Führung durch Verzicht üben. Solange die Führungskraft im Sinne der Holschuld nichts einfordert, sollte sich der Vorgesetzte zurückhalten und nach dem Grundsatz „less is more" handeln: Je weniger Eingriffe in das operative Tun erfolgen müssen, desto besser ist dies. Der Vorgesetzte ist nun der Stillhalter, der die Führungskraft ihre Führungsaufgabe in eigener Verantwortung erledigen lässt. Dies kann natürlich nur so lange gelten, bis Strukturen oder Prozessabläufe verletzt werden. Wird dies beachtet, so besteht die (passive) Aufgabe des Vorgesetzten darin, die Zielbildung zu fördern und die Zielerreichung zu kontrollieren sowie Abweichungen zu analysieren. Der Vorgesetzte muss die Führung ermöglichen, nicht diese selbst übernehmen. Zudem ist es auch eine Holschuld der Führungskraft, die nötigen Qualifikationen zur Erledigung der Führungsaufgabe beim Vorgesetzten einzufordern. Dieser Qualifikationserwerb lässt sich mit dem individuellen Können als Einflussfaktor des Verhaltens nach v. Rosenstiel (1991) verknüpfen.

Zwar sind einige Persönlichkeitsmerkmale wie z. B. hoher Energielevel, Stresstoleranz, emotionale Stabilität, Selbstvertrauen, persönliche Integrität und internale Kontrollüberzeugung sowie in Bezug auf das Fünf-Faktoren-Modell Extraversion und emotionale Stabilität (ebd.) mit Führungserfolg verknüpft (vgl. Dörr et al. 2013, S. 251). Allerdings lässt sich insgesamt nur ein kleiner Teil des Führungserfolgs durch Persönlichkeitsmerkmale erklären (vgl. Bono und Judge 2004; Judge et al. 2002). Daraus kann durchaus abgeleitet werden, dass erfolgreiche Führungskräfte nicht als „Great Person" geboren sein müssen, sondern sich entwickeln und entsprechende Qualifikationen erwerben können.

4.3 Entwicklungshemisphäre: Aufgaben des Vorgesetzten

4.3.1 Quadrant III: Fördern durch Sinnstiftung und Normsetzung (Bringschuld des Vorgesetzten)

In der Entwicklungshemisphäre ist der Vorgesetzte gefordert, Verständnis durch Sinnstiftung zu erzeugen. Dies ist die Bringschuld des Vorgesetzten auch bei der Führung von Mitarbeitern ohne Führungsverantwortung. Vorgesetzte müssen Sinn stiften, um Begeisterung wecken zu können. Durch die zunehmende Eigenverantwortung der Geführten, die Abnahme direkter Eingriffe und den strategischen Einfluss von Führungskräften kommt der Sinnstiftung bei der Führung von Führungskräften eine größere Bedeutung zu als bei der Führung von Mitarbeitern ohne Führungsaufgaben. Zudem gilt es, den Führungswillen durch entsprechende Normsetzungen abzusichern und damit das soziale Dürfen und Sollen zu fördern. Nur wenn die Führungskraft das Gefühl vermittelt bekommt, dass sie Führung ausüben soll und darf, wird dieser Führungswille gefördert. Diese führungsbezogene Verhaltenssicherheit in Verbindung mit der Vermittlung des Sinns der Führungstätigkeit schafft den Nährboden, der den Führungswillen fördert und sich entwickeln lässt. Umgekehrt verdorrt mittelfristig jeder Führungswille, wenn der Sinn im Führen dauerhaft nicht erkannt werden kann und/oder wenn das Führen innerhalb der formal gesetzten Normen des Dürfens und Sollens vom Vorgesetzten dauerhaft und unangemessen behindert oder übersteuert wird.

Im operativen Tun steht die Frage im Vordergrund, *was* getan werden soll. Die meisten Vorgesetzten sind in der Lage, diese Frage zu klären und durch Anweisungen und Zielvereinbarungen zu konkretisieren. Die Frage des „Was" ist somit in der Regel durch das Sachziel der Unternehmung und die daraus abgeleiteten Detailziele definiert. Auch wenn das Ziel klar ist, gibt es doch meist mehrere und zum Teil sogar viele und sich mitunter sogar widersprechende Wege zur Zielerreichung. Die Klärung der Frage, *wie* das Ziel erreicht werden soll, ist bereits weniger eindeutig. Während dem Mitarbeiter ohne Führungsaufgaben oftmals der Weg vorgeben werden wird, ist es Aufgabe der Führungskraft, diesen Weg innerhalb der Prozess- und Strukturvorgaben selbst zu definieren. Die Eingriffe in das operative Tun werden ersetzt durch die Übertragung von Verantwortlichkeit.

Wichtiger als das Klären von „Was" und „Wie" ist das Erläutern des „Warum". Erst durch das Schaffen von Verständnis für das „Warum" erschließt sich der Sinn und damit erklärt sich das Ziel und oftmals auch der Weg dorthin. Aufgabe des Vorgesetzten bei der Führung von Führungskräften ist in besonderem Maße das Stiften von Sinn (vgl. Sinek 2009, S. 37 ff.). Erst durch die Einsicht in die Frage des „Warum" können Höchstleistungen induziert werden. Die Bereitschaft zur Übernahme von Verantwortlichkeit geht einher mit dem Verständnis des „Warum".

Die erlebte Bedeutsamkeit der Arbeitsaufgabe weist eine positive Korrelation mit intrinsischer Motivation, positivem Emotionserleben, Arbeitszufriedenheit, Kreativität und Innovation (Hackman und Oldham 1976, S. 250–279) auf. Dieser Zusammenhang wurde in zahlreichen empirischen Studien nachgewiesen (zum Beispiel Saavedra und Kwun 2000, S. 131–146).

Die Instrumente zur Sinnstiftung lassen sich aus dem unternehmerischen Kontext ableiten. So ist das Schaffen von Leitbild, Vision und Mission für Bereiche oder Abteilungen denkbar, wobei deren Kongruenz zum übergeordneten Leitbild des Unternehmens sichergestellt sein muss. Idealerweise wird daraus ein bereichsspezifisches Leitbild abgeleitet. In Bezug auf das Executive Management wird zur Sinnstiftung die Schaffung eines Wertekatalogs gefordert (vgl. Thornbury 2003, S. 68 f.; Grojean et al. 2004, S. 223 f.; zu den Auswirkungen ethischer Führung vgl. Ruiz et al. 2011). Einige Elemente entwicklungsorientierter Unterstützung finden sich im transformationalen Führungsverhalten wieder (vgl. Nielsen und Cleal

2011, S. 344 ff.). Es lässt sich zeigen, dass durch transformationales Führungsverhalten (z. B. Entwicklung von Vision und Mission, individuelle Unterstützung, Werben um das Verständnis für übergeordnete Ziele) das Vertrauen in den Vorgesetzten steigt (vgl. Pillai et al. 1999; MacKenzie et al. 2001). Der Vorgesetzte gestaltet aktiv die Kultur des Unternehmens bzw. der Bereiche und Abteilungen (vgl. George et al. 1999, S. 545 ff.).

Die beschriebenen Aufgaben stellen sich jedem Vorgesetzten, unabhängig davon, ob er Mitarbeiter mit oder ohne Führungsverantwortung hat. Aufgabe eines jeden Vorgesetzten ist es, die übergeordneten Ziele zu erläutern und kritische Rückfragen zuzulassen. Vorgesetzte müssen in der Lage sein, Zielkonflikte zu lösen und bei Veränderungen Verständnis zu wecken. Adressatengerechte und situationsangemessene Kommunikation ist in diesem Kontext eine wesentliche Aufgabe des Vorgesetzten.

Bei der Führung von Führungskräften kommt diesem Aspekt eine noch größere Bedeutung zu. Führungskräfte müssen nicht nur in der Lage sein, die übergeordneten Ziele in ihre Handlungen zu integrieren, sondern diese auch ihren eigenen Mitarbeitern zu vermitteln, mit ihren eigenen Ideen und Interpretationen anzureichern und selbst wiederum Sinn zu stiften. Aus der Sinnstiftung erwächst im Idealfall eine Identitätsstiftung, so dass sich Führungskräfte mit Zielen und Maßnahmen identifizieren können und diese nicht nur mittragen, sondern auch fördern und ihren eigenen Mitarbeitern überzeugend kommunizieren können.

4.3.2 Quadrant IV: Ermöglichung der Selbstführung (Holschuld)

Entwicklungsorientierte Führungsaufgaben dienen der Erfüllung von Individualzielen der Führungskraft in Bezug auf die Weiterentwicklung des Führungsverhaltens. Aufgabe des Vorgesetzten ist auch hier die Ermöglichung durch Zurücknahme und Dulden im Sinne einer situativen Ermöglichung. Die Holschuld der Führungskraft tritt in den Vordergrund. Es geht um das Festlegen der Ziele und die Definition der Erwartungen sowie die Ermöglichung der Selbstführung.

Dem Ansatz des „Super Leadership" von Manz und Sims (2001) liegt die Prämisse zugrunde, dass jeder, der Mitarbeiter führt, egal ob diese wiederum Führungsverantwortung besitzen oder nicht, diese dazu befähigen muss, eigenverantwortlich, selbständig und ergebnisorientiert zu arbeiten, sich selbst zu motivieren und selbst zu führen (vgl. Stock-Homburg 2010 S. 538). Durch diese Förderung und Unterstützung werden die Mitarbeiter (auch ohne Führungsverantwortung) generell zu Führungskräften, da sie sich selbst führen (Self-Leaders). Der Vorgesetze wird entlastet, da sich die Mitarbeiter mit ihren Aufgaben identifizieren können.

Im Gegensatz zu anderen klassischen Führungstheorien wird keine Einflussnahme auf das Verhalten der Mitarbeiter postuliert, sondern es soll durch Anwendung der Leitlinien die zielorientierte Selbststeuerung der Mitarbeiter herbeigeführt werden (vgl. Stock-Homburg 2010, S. 538).

Ein Super Leader versucht, Strategien des Self-Leadership bei den Mitarbeitern zu verstärken und diese in die Lage zu versetzen, sich selbst zu führen. Dadurch kann eine bessere Nutzung und Wertschätzung der Talente und Fähigkeiten des einzelnen Mitarbeiters gelingen. Dies führt zu einer Entwicklung der Mitarbeiterpersönlichkeit nicht nur in Bezug auf das Arbeitsleben. Als Nebeneffekte ergeben sich eine höhere Kreativität, langfristig stabile Leistungsbereitschaft und Commitment bei relativer Unabhängigkeit von der Person des Vorgesetzten.

Dieser Ansatz erscheint gerade dann von höchster Relevanz, wenn die Person des Geführten selbst Führungskraft ist.

Das Modell kann so interpretiert werden, dass dem Vorgesetzten fünf Rollen bzw. Aufgaben zukommen (Manz und Sims 2001, S. 212):

Fünf Rollen des Leaders:

- Prinzipien und Werte bewahren, interpretieren und lehren,
- für Rat zur Verfügung stehen (Chief Advisor),
- nach einer getroffenen Entscheidung die Verantwortung dafür übertragen,
- Erfolge anerkennen, loben, feiern und für gute Stimmung sorgen (Cheerleader),
- im Konfliktfall Entscheidungsbefugnisse zuordnen.

In der Extremform angewendet, bedeutet das Führen nach diesem Konzept, möglichst viel Verantwortung zu delegieren. Dennis Bakke, Autor, Mitbegründer der AES Corporation (President und CEO von 1994 bis 2002 und President) und CEO der Imagine Schools, USA, führte seiner eigenen Aussage zufolge nach folgender Maxime: „So my fifth role is to pick the person who will in fact make the ultimate decision. That goes back to the one decision I make a year" (Manz und Sims 2001 S. 212).

Ausblick und Trends: Was bedeutet „Führung von Führungskräften" für die Zukunft der Führung?

5

Für die Führung von Führungskräften müssen entsprechende Rahmenbedingungen geschaffen werden.

Führung von Führungskräften stellt einen erhöhten Anspruch an das Schaffen von Rahmenbedingungen, die es den Geführten ermöglichen, ihre Ziele selbständig und effizient zu erfüllen. Daher gewinnt mit zunehmender Hierarchiestufe – neben den fünf genannten Rollen eines Leaders – die Fähigkeit an Bedeutung, unterschiedliche Ziel- und Werte-Welten von Vorgesetzten, von geführten Führungskräften sowie von Kollegen integrieren zu können, insbesondere in Unternehmenskontexten, in denen Change Management zum betrieblichen Alltag gehört.

Die dazu nötige Steuerung von Gruppen- und Intergruppenprozessen erfordert neben einem professionellen Umgang mit Widerständen auch ein sensibles Wahrnehmungsvermögen für die eigene Wirkung auf die unterschiedlichen Gruppen bzw. deren Mitglieder. Je komplexer das Beziehungsgeflecht, desto weniger direkte Reaktionsmöglichkeiten bestehen. Der Vorgesetzte muss daher die Fähigkeit zur Selbstreflexion und zur konstruktiven Auseinandersetzung mit Kritik haben. Neben der konsequenten Förderung einer entsprechenden Fehler- und Feedbackkultur ist er aufgrund seiner hierarchischen Position auch mitverantwortlich für die Installierung derselben, beispielsweise im Rahmen eines Aufwärts- bzw. 360-Grad-Feedbacks.

Bisherige Führungsfeedbacks sind ungenügend und zu generisch formuliert.

Im Rahmen des Aufwärts-Feedbacks sollten idealerweise mit zunehmender Hierarchiestufe andere Items abgefragt werden, die den Anforderungen dieser Managementebenen Rechnung tragen. Daher empfiehlt es sich, in den Fragebogen zur Erfassung des Vorgesetztenverhaltens verstärkt Items zur strategischen Kompetenz, zum Kooperationsverhalten, zum Delegations- und Entscheidungsverhalten etc. aufzunehmen.

© Springer Fachmedien Wiesbaden 2015
M. Landes et al., *Meta-Führung*, essentials, DOI 10.1007/978-3-658-10850-2_5

In der Praxis zeigt sich, dass Items zur gezielten Mitarbeitermotivation und Mitarbeiterentwicklung mit zunehmender Hierarchiestufe als weniger relevant empfunden werden, da Motivation überwiegend vom Selbstbild her als Selbstmotivation vorausgesetzt und damit in der Eigenverantwortung gesehen wird. Vielmehr wird vom Vorgesetzten erwartet, die notwendigen Voraussetzungen zu schaffen, damit die Führungskräfte ihre Ziele erreichen können. Mitarbeiterentwicklung wird weniger in der fachlichen Unterstützung gesehen, sondern in der gezielten Unterstützung beim Aufbau der Lösungskompetenz und in der sukzessiven Übertragung von Verantwortung.

Führung von Führungskräften muss stärker in den Fokus von Wissenschaft und Praxis rücken und Bestandteil von Führungskräfteentwicklungs-Programmen werden.

Entscheidungs- und Delegationsmanagement, Kooperationsverhalten etc. gehören zu den integralen Bestandteilen von Managementausbildungen, da die Vorgesetzten in der Lage sein müssen, situationsspezifisch zu klären, wann Entscheidungen noch auf der Ebene der Betroffenen geklärt oder wann eine Ebene höher eingegriffen werden sollte. Erfolgt dies zu spät, eskaliert die Situation; greift der Vorgesetzte generell zu früh ein, kommt es zu dem häufig zu beobachtenden Phänomen der Rückdelegation. Das heißt, Führungskräfte delegieren Aufgaben und Verantwortung an die Vorgesetzten zurück, weil sie keine Verantwortung übernehmen können und/oder wollen. Hier ist es extrem wichtig, frühzeitig entgegenzuwirken.

In der Praxis gilt „Wer nicht führbar ist, kann auch nicht führen". Mit zunehmender Hierarchiestufe erfahren Manager immer weniger Führung von oben. Dieses Führungsdefizit muss daher systematisch durch Führungskonzepte der Selbstführung, laterale Führung (Führung durch Kollegen) sowie Führung von unten (Führung durch Mitarbeiter) ausgeglichen werden.

Führungskompetenz muss bei Auswahl und Entwicklung von Führungskräften regelmäßig kritisch überprüft und kontinuierlich entwickelt werden.

Um die genannten Anforderungen zu erfüllen, bedarf es neben einer stark ausgeprägten Führungsmotivation auch einer Führungskompetenz im Sinne des Heyse & Erpenbeck'schen Kompetenzatlas. Führungskompetenz wird hier als Querschnittsfunktion der personalen, sozial-kommunikativen, Aktivitäts- und Handlungskompetenz sowie der Fach- und Methodenkompetenz definiert. Führungskompetenz bedeutet unter anderem Problemlöse- und Entscheidungsverhalten, Adaption der Unternehmensstrategie, ziel- und ergebnisorientierte Umsetzung, Berücksichtigung der individuellen sowie der intergruppenspezifischen Interessen (vgl. Erpenbeck 2007, S. 498 f.; Heyse 2007, S. 512).

Führungskompetenz muss von der Auswahl des Führungskräftenachwuchses sowie bei jedem Sprung in die nächsthöhere Hierarchiestufe immer wieder kritisch überprüft und systematisch gefördert werden. Nur Mitarbeiter mit ausgeprägter Führungsmotivation und Führungskompetenz dürfen die Führungslaufbahn einschlagen. Selbstverständlich müssen auch die anderen Kompetenzarten wie beispielsweise Fach- und Methodenkompetenz vorhanden sein, aber nicht im gleichen Maß wie bei Experten. Dies gilt umso mehr bei der Führung von Führungskräften.

Führen durch Vorbild wird wichtiger: Da die geführten Führungskräfte selbst Mitarbeiter führen, beobachten sie das Führungsverhalten der Vorgesetzen genauer.

In dem Prinzipienmodell der Führung von Frey, einem Rahmenmodell, das unterschiedliche Führungsmodelle integriert (Frey 1996a, b, 1998; Frey et al. 2001), ist das Prinzip des guten Vorbilds der Führungsperson beschrieben als Voraussetzung dafür, dass sich Mitarbeiter engagieren (vgl. Frey et al. 2006, S. 15 f.).

Führungskräfte haben im Regelfall zahlreiche Führungstrainings durchlaufen. Sie haben sich theoretisch und praktisch mit dem Thema Führung auseinandergesetzt und manche sind zu Experten in Sachen „Führung" geworden. Dadurch beobachten sie das Führungsverhalten des eigenen Vorgesetzten besonders genau und kritisch. In Führungstrainings und Coaching-Sequenzen kann immer wieder beobachtet werden, wie im Kontext des Themas Führung Forschungsergebnisse, Empfehlungen und Problemlösestrategien am Verhalten des eigenen Vorgesetzten gespiegelt werden. Der Vorgesetzte und sein Führungshandeln werden kritisch reflektiert und dienen als Referenzpunkt bei der Beurteilung von eigenen Verhaltensweisen.

Bisherige Gleichmacherei nach dem Prinzip „Einer für alle!" muss aufhören. Meta-Führungskompetenz muss gezielt gefördert werden.

In Zukunft muss in der Gestaltung von Organisations- und Personalentwicklungs-Maßnahmen genau darauf geachtet werden, spezielle Rahmenbedingungen für Vorgesetzte, die Führungskräfte führen, zu schaffen und individuelle Trainingsmaßnahmen anzubieten. Führung muss differenzieren. Unterschiedliche Personen, Branchen und Kulturkreise bedürfen eines eigenen Führungsstils und Führungsverständnisses. Führung von Mitarbeitern mit und ohne Führungsaufgaben kann man nicht gleichsetzen. Führung „von der Stange in Konfektionsgrößen" gibt es nicht. Man kann nicht davon ausgehen, dass eine Führungskraft, die sich als FLM bewährt hat, auch automatisch alle Führungs-Kompetenzen für eine Position im Mittleren Management entwickeln kann.

Nicht nur Führungskompetenz, sondern Meta-Führungskompetenz muss gezielt entwickelt werden. Aufbauend auf bestehende Programme zur Führungskräfte-Qualifizierung sollten spezielle Maßnahmen zur Entwicklung der Meta-Führungskompetenz ergänzt und zum Standard der Ausbildung von Führungskräften für Positionen im Mittleren Management und im Executive Management werden.

Das Balancemodell der Führung kann im Kontext der Führung von Führungskräften um eine Dimension erweitert werden.

Es bleibt festzuhalten, dass in der Führung von Führungskräften neben dem operativen Tun besonderer Wert auf die Entwicklung der geführten Führungskraft hin zu einem selbstreflektierenden, eigenverantwortlichen Handeln gelegt werden muss. Dies stellt für den Vorgesetzten eine besondere Herausforderung dar, da er sich im Spannungsfeld zwischen gezieltem Eingreifen zur Förderung und bewusster Zurückhaltung im Sinne der Delegation von Verantwortung bewegt. Das Balancemodell der Führung (vgl. Grote et al. 2009) könnte im Kontext der Führung von Führungskräften um diese Dimension erweitert werden.

- Welche wichtigen Führungsaufgaben werden auf unterschiedlichen Ebenen des Managements verlangt?
- Welche Führungsstile eignen sich zur Führung von Führungskräften?
- Wie kann man die Anforderungen an die Führung von Führungskräften strukturiert in einem Modell der Führungshemisphären darstellen?
- Welche motivationalen Aspekte der Führung von Führungskräften sind zu beachten?
- Wie eignet sich das Konzept des Super Leadership im Rahmen der Führung von Führungskräften?

© Springer Fachmedien Wiesbaden 2015
M. Landes et al., *Meta-Führung*, essentials, DOI 10.1007/978-3-658-10850-2

Literatur

Aronson, E., Wilson, T., & Akert, E. (2008). *Sozialpsychologie*. München: Pearson Studium.

Avolio, B. J., & Bass, B. M. (2002). *Developing potential across a full range of leadership: Cases on transactional and transformational leadership*. Mahwah: Lawrence Erlbaum Assoc Inc.

Bandura, A., & Walters, R. H. (1963). *Social learning and personality development*. New York: Holt, Rinehart & Winston.

Bass, B. M., & Avolio, B. J. (1994). *Improving organizational effectiveness through transformational leadership*. Thousand Oaks: SAGE Publications Inc.

Bleicher, K. (1991). *Organisation* (2. Aufl.). Wiesbaden: Gabler.

Bono, J., & Judge, T. (2004). Personality and transformational and transactional leadership: A meta-aalysis. *Journal of Applied Psychology, 89*(5), 901–910.

Brodbeck, F. C., Maier, G. W., & Frey, D. (2002). Führungstheorien. In D. Frey & M. Irle (Hrsg.), *Theorien der Sozialpsychologie* (S. 329–364). Bern: Hans Huber.

Burns, J. M. (1978). *Leadership*. New York: Harper.

Carlyle, T. (1840). The hero as divinity. In Heroes, hero-worship, and the heroic in history. Philadephia: Henry Altemus.

Dörr, S. (2008). *Motive, Einflussstrategien und transformationale Führung als Faktoren effektiver Führung*. München: Rainer Hampp.

Dörr, S., Schmidt-Huber, M., Winkler, B., & Klebl, U. (2013). Führung. In M. Landes & E. Steiner (Hrsg.), *Psychologie der Wirtschaft* (S. 247–278). Wiesbaden: Springer.

Einsiedler, H. (2009). Führung von Führungskräften. In L. von Rosenstiel, E. Regnet, & M. Domsch (Hrsg.), *Führung von Mitarbeitern. Handbuch für erfolgreiches Personalmanagement* (6. Aufl., S. 275–286). Stuttgart: Schäffer-Poeschel.

Erpenbeck, J. (2007). KODE® – Kompetenz-Diagnostik und -Entwicklung. In J. Erpenbeck & L. von Rosenstiel (Hrsg.), *Handbuch Kompetenzmessung* (2. Aufl., S. 498–503). Stuttgart: Schäffer-Poeschel.

Frey, D. (1996a). Psychologisches Know-how für eine Gesellschaft im Umbruch: Spitzenunternehmen der Wirtschaft als Vorbild. In C. Honegger, J. M. Gabriel, R. Hirsig, J. Pfaff-Czarnecka, & E. Poglia (Hrsg.), *Gesellschaften im Umbau: Identitäten, Konflikte, Differenzen* (S. 75–98). Zürich: Seismo.

© Springer Fachmedien Wiesbaden 2015
M. Landes et al., *Meta-Führung*, essentials, DOI 10.1007/978-3-658-10850-2

Frey, D. (1996b). Notwendige Bedingungen für dauerhafte Spitzenleistungen in der Wirtschaft und im Sport: Parallelen zwischen Mannschaftssport und kommerziellen Unternehmen. In A. Conzelmann, H. Gabler, & W. Schlicht (Hrsg.), *Soziale Interaktionen und Gruppen im Sport* (S. 3–28). Köln: bps.

Frey, D. (1998). Center of excellence: Ein Weg zu Spitzenleistungen. In P. Weber (Hrsg.), *Leistungsorientiertes Management: Leistungen steigern statt Kosten senken* (S. 199–233). Frankfurt a. M.: Campus.

Frey, D., & Spielmann, U. (1987). Führung – Konzepte und Theorien. In D. Frey & S. Greif (Hrsg.), *Sozialpsychologie* (2. Aufl., S. 164–173). München: Psychologische Verlags Union.

Frey, D., Kerschreiter, R., & Mojzisch, A. (2001). Führung im Center of Excellence. In P. Friederichs & U. Althauser (Hrsg.), *Personalentwicklung in der Globalisierung. Strategien der Insider* (S. 114–151). Neuwied: Luchterhand.

Frey, D., Traut-Mattausch, E., Greitemeyer, T., & Streicher, B. (2006). Psychologie der Innovationen in Organisationen. Roman-Herzog-Institut Position Nr. 1. München 2006.

Gellert, M., & Nowak, C. (2010). *Teamarbeit – Teamentwicklung – Teamberatung* (4. Aufl.). Meezen: Limmer.

George, G., Sleeth, R., & Siders, M. (1999). Organizing culture: Leader roles, behaviors and reinforcement mechanisms. *Journal of Business & Psychology, 13*(4), 545–560.

Grojean, M., Resick, C., Dickson, M., & Smith, D. (2004). Leaders, values, and organizational climate: Examining leadership strategies for establishing an organizational climate regarding ethics. *Journal of Business Ethics, 55*(3), 223–241.

Grote, S., Kauffeld, S., & Frieling, E. (2009). *Handbuch Kompetenzentwicklung.* Stuttgart: Schäffer-Poeschel.

Hackman, J. R., & Oldham, G. R. (1976). Motivation through the design of work: Test of a theory. *Organizational Behavior and Human Performance, 16*, 250–279.

Hales, C. (2005). Rooted in supervision, branching into management: Continuity and change in the role of first-line manager. *Journal of Management Studies, 42*(3), 471–506.

Hersey, P., Blanchard, K., & Johnson, D. (2008). *Management of organizational behavior: Leading human resources* (9. Aufl.). Upper Saddle River: Pearson Prentice Hall.

Heyse, V. (2007). KODE®X – Kompetenz-Explorer. In J. Erpenbeck & L. von Rosenstiel (Hrsg.), *Handbuch Kompetenzmessung* (2. Aufl., S. 504–514). Stuttgart: Schäffer-Poeschel.

Hinterhuber, H. (2007). *Leadership* (4. Aufl.). Frankfurt a. M.: FAZ.

Hohenberger, C., & Spörrle, M. (2013). Motivation und motivationsnahe Phänomene im Kontext wirtschaftlichem Handelns. In M. Landes & E. Steiner (Hrsg.), *Psychologie der Wirtschaft* (S. 103–122). Wiesbaden: Springer.

Hornstein, E., Steiner, E., & Spörrle, M. (2011). Sag mir, wie soll ich sie führen? Professionelle Begleitung von Führungskräften. *Wirtschaftspsychologie aktuell, 18*(1), 46–49.

Judge, T., Bono, J., Ilies, R., & Gerhardt, M. (2002). Personality and leadership: A qualitative and quantitative review. *Journal of Applied Psychology, 89*(4), 765–780.

Kahneman, D. (2011). *Thinking, fast and slow.* London: Penguin.

Kauffeld, S. (2011). *Arbeits-, Organisations- und Personalpsychologie – für Bachelor.* Berlin: Springer.

Kraut, A., Pedigo, P., McKenna, D., & Dunnette, M. (2005). The role of the manager: What's really important in different management jobs. *Academy of Management Executive, 19*(4), 122–129.

Küpper, H.-U. (2008). *Controlling* (5. Aufl.). Stuttgart: Schäffer-Poeschel.

Landes, M., & Laufer, K. (2013). Feedbackprozesse – Psychologische Aspekte und effektive Gestaltung. In M. Landes & E. Steiner (Hrsg.), *Psychologie der Wirtschaft* (S. 681–703). Wiesbaden: Springer.

Lawler, E., & Porter, L. (1967). Antecedent attitudes of effective managerial performance. *Organizational Behavior and Human Performance, 2,* 122–142.

Lewin, K., Lippitt, R., & White, R. K. (1939). Patterns of aggressive behavior in experimentally created „social climates". *Journal of Social Psychology, 10,* 271–299.

Locke, E. A., & Latham, G. P. (1990). *A theory of goal-setting and task performance.* Englewood Cliffs: Prentice Hall.

Lowe, J. (1992). Locating the line: The front line supervisor and human resource management. In P. Blyton & P. Turnbull (Hrsg.), *Reassessing human resource management* (S. 148–169). London: Sage.

MacKenzie, S., Podsakoff, P., & Rich, G. (2001). Transformational and transactional leadership and salesperson performance. *Journal of the Academy of Marketing Science, 29*(2), 115–134.

Manz, C. C., & Sims, H. P. (2001). *The new superleadership. Leading others to lead themselves.* San Francisco: Berrett-Koehler Publishers Inc.

McClelland, D. C. (1987). *Human motivation.* New York: Cambridge University Press.

Nerdinger, F. W., Blickle, G., & Schaper, N. (2011). *Arbeits- und Organisationspsychologie.* Berlin: Springer.

Nielsen, K., & Cleal, B. (2011). Under which conditions do middle managers exhibit transformational leadership behaviors? – An experience sampling method study on the predictors of transformational leadership behaviors. *Leadership Quarterly, 22*(2), 344–352.

Nohria, N., Joyce, W., & Roberson, B. (2003). What really works. *Harvard Business Review, 81*(7), 42–52.

Orlikoff, J., & Totten, M. (1999). Leading the leaders: The role of the board chair. *Trustee Workbook, 52*(10), 28–32.

Pillai, R., Schriesheim, C. A., & Williams, E. (1999). Fairness perceptions and trust as mediators for transformational and transactional leadership: A two-sample study. *Journal of Management, 25*(6), 897–933.

Rosenstiel, L. v. (1991). Grundlagen der Führung. In L. v. Rosenstiel, E. Regnet, & M. Domsch (Hrsg.), *Führung von Mitarbeitern* (S. 6–24). Stuttgart: Schäffer.

Rosenstiel, L. v. (2009a). Grundlagen der Führung. In L. v. Rosenstiel, E. Regnet, & M. Domsch (Hrsg.), *Führung von Mitarbeitern. Handbuch für erfolgreiches Personalmanagement* (6. Aufl., S. 3–24). Stuttgart: Schäffer-Poeschel.

Rosenstiel, L. v. (2009b). Motivation von Mitarbeitern. In L. v. Rosenstiel, E. Regnet, & M. Domsch (Hrsg.), *Führung von Mitarbeitern* (S. 144–162). Stuttgart: Schäffer-Poeschel.

Ruiz, P., Ruiz, C., & Martínez, R. (2011). Improving the „leader-follower" relationship: Top manager or supervisor? The ethical leadership trickle-down effect on follower job response. *Journal of Business Ethics, 99*(4), 587–608.

Ryan, R. M., & Deci, E. L. (2000). Self-determination theory and the facilitation of intrinsic motivation, social development, and well-being. *American Psychologist, 55,* 68–78.

Saavedra, R., & Kwun, S. K. (2000). Affective states in job characteristic theory. *Journal of Organizational Behavior, 21,* 131–146.

Sinek, S. (2009). *Start with why: How great leaders inspire everyone to take action.* New York: Penguin Group.

Spahn, J., & Flanagan, K. (2003). The leading of leaders in the boardroom. *Directors & Boards, 27*(2), 47–50.

Steiner, E., & Baake, K. (2013). Anreizsysteme. In M. Landes & E. Steiner (Hrsg.), *Psychologie der Wirtschaft* (S. 613–640). Wiesbaden: Springer.

Steiner, E., & Landes, M. (2014). Kommunikations- und Motivationsfunktion von Anreizsystemen. *Controlling & Management Review, 2/2014.*

Stock-Homburg, R. (2010). *Personalmanagement: Theorien – Konzepte – Instrumente* (2. Aufl.). Wiesbaden: Gabler.

Stogdill, R. (1974). Historical trends in leadership theory and research. *Journal of Contemporary Business, 3,* 1–17.

Thornbury, J. (2003). Creating a living culture: The challenges for business leaders. *Corporate Governance: The International Journal of Effective Board Performance, 3*(2), 68–79.

Wunderer, R., & Grunwald, W. (1980). *Führungslehre 1*. Berlin: De Gruyter.

Yukl. (2006). *Leadership in organizations*. Upper Saddle River: Pearson.